SingLiesel

Satz: Satz für Satz, Wangen im Allgäu

Druck: FINIDR, s.r.o.
Printed in Czech Republic

ISBN 978-3-944360-65-2

4. Auflage

www.singliesel.de

Bildnachweise:
Blumen: Gizele/Shutterstock.com
Cover-Foto: Ljupco Smokovski/Shutterstock.com

Natali Mallek – Annika Schneider

KURZAKTIVIERUNGEN

Inhalt

Inhalt

Winter

Kreuz & Quer

Kurz und regelmäßig – das sind die Grundregeln für den Einsatz der Kurzaktivierungen bei demenzkranken Menschen.

Während das Kurzzeitgedächtnis bei Menschen mit Demenz immer mehr nachlässt, sind Inhalte aus dem Langzeitgedächtnis oft noch zugänglich und können aus dem Dunkeln hervorgelockt werden. Deshalb sind biografieorientierte Themen und äußere Reize, die Erinnerungen wecken, sehr gut für diese Art der Aktivierung geeignet. Sie wecken Neugier, motivieren und vermitteln Sicherheit. Mögliche Themen, die bei fast jedem Teilnehmer Assoziationen wachrufen, sind: Garten, Urlaub, Hobby, Waschen, Kochen, Auto fahren, jahreszeitliche Themen und vieles mehr.

Es ist sinnvoll, „Aktivierungskisten“ einzuführen, in denen Sie das benötigte Material vorab zusammenstellen. Das vorgeschlagene Basis-Material können Sie individuell für jeden Bedarf erweitern.

Möglichst täglich können und sollten Kurzzeit-Aktivierungen angewendet werden – ob in der Einzelarbeit oder in der Gruppe. Scheuen Sie sich dabei nicht vor Wiederholungen: Sie haben einen positiven Effekt und geben den Teilnehmern Sicherheit.

Viel Freude mit den Kurzaktivierungen wünschen
Natali Mallek und Annika Schneider

FRÜHJAHRSPUTZ

Materialien für eine Aktivierungskiste

- Besen und Kehrblech
- Putzlappen
- Handtuch
- Staubwedel
- Fensterleder
- Eimer (mit Wasser)
- Schürze
- Kernseife

Sichtung des Materials

Die Materialien werden von den Teilnehmern in die Hände genommen und nach Möglichkeit benannt. Wie zu jedem anderen Zeitpunkt der Aktivierung sind Assoziationen und Geschichten aus dem Leben der Teilnehmer herzlich willkommen.

Beispiele für biografieorientierte Fragen zum Thema

- Wann war der Zeitpunkt, an dem Sie früher den Frühjahrsputz begonnen haben?
- Gab es bei Ihnen einen bestimmten Ablauf für den Frühjahrsputz?
- Was wurde beim Frühjahrsputz alles gereinigt?
- Haben Sie den Frühjahrsputz gern gemacht?
- Wurde die Wohnung nach dem Frühjahrsputz für den Frühling dekoriert? Wie sah die Dekoration aus?

- Haben Sie bestimmte Tricks für den Frühjahrsputz von Ihrer Mutter übernommen?
- Welche Hausmittel oder Tipps kennen Sie gegen hartnäckige Verschmutzungen, z. B. Rotwein- oder Karottenflecken?

Beispiele für kleine Bewegungsübungen/Wahrnehmungsübungen

- die Schürze umbinden
- den Eimer mit Wasser füllen, den Putzlappen eintauchen und auswringen
- die Kernseife mit Wasser benetzen und daran riechen
- Bewegungsübungen mit dem Staubwedel machen, fiktiv oben und unten, rechts und links, in den Ecken/in Regalen etc. Staub wischen

Beispiele für kleine Aufgaben zum Gedächtnistraining

- die (vorher betrachteten und besprochenen) Gegenstände abdecken und gemeinsam aus dem Gedächtnis aufzählen
- Sprichwörter und Redewendungen zum Thema Putzen erinnern (z. B.: etwas unter den Teppich kehren, hier kann man vom Boden essen, das ist mir durch die Lappen gegangen …)
- Namen (Marken) der Putz- und Waschmittel von früher aufzählen

IM APRIL

Materialien für eine Aktivierungskiste

- Regenschirm
- Gummistiefel
- Handschuhe und Mütze
- Sonnenbrille
- Sonnenhut
- Ostereier
- Blumentöpfe mit Frühlingsblumen (Krokusse, Osterglocken …)
- Clownsnase oder Karte/Kalenderblatt mit „April, April!"

Sichtung des Materials

Die Materialien werden von den Teilnehmern in die Hände genommen und nach Möglichkeit benannt. Wie zu jedem anderen Zeitpunkt der Aktivierung sind Assoziationen und Geschichten aus dem Leben der Teilnehmer herzlich willkommen.

Beispiele für biografieorientierte Fragen zum Thema

- Wie haben Sie früher das Aprilwetter erlebt? Stimmt es, dass das Wetter oft und schnell gewechselt hat?
- Die Ostertage fallen häufig in den Monat April. Wie haben Sie früher Ostern mit der Familie verbracht?
- Welche Bräuche und Rituale gab es früher bei Ihnen zu Ostern?

- Wurden Sie früher am 1. April „in den April geschickt“? Haben Sie selbst gern jemanden „in den April geschickt“?
- Mögen Sie Aprilscherze, oder finden Sie sie eher albern?
- Im April fangen viele Frühlingsblumen an zu blühen. Hatten Sie früher einen Garten?
- Haben Sie in Ihrem Garten im Frühling Blumen gepflanzt oder schon im Herbst Blumenzwiebeln in die Erde gesetzt?
- Mögen Sie es, wenn Sie Blumen geschenkt bekommen?

Beispiele für kleine Bewegungsübungen/Wahrnehmungsübungen

- die Kleidungsstücke anziehen
- selbst Ostereier bemalen
- an den Frühlingsblumen riechen
- evtl. die Blumen umtopfen oder in den Garten pflanzen

Beispiele für kleine Aufgaben zum Gedächtnistraining

- die (zuvor betrachteten und besprochenen) Gegenstände abdecken und gemeinsam aus dem Gedächtnis aufzählen
- Sprichwörter und Redewendungen zum April zusammentragen
- Welche Frühlingsblumen blühen im April?
- Welche Aprilscherze fallen Ihnen ein, die Sie selbst erlebt oder von denen Sie gelesen haben?

KRÄUTER

Materialien für eine Aktivierungskiste

- verschiedene Kräuter, frische und getrocknete (z. B. Lavendel, Thymian, Bohnenkraut, Dill, Fenchel, Petersilie, Rosmarin …)
- Mörser
- Teeglas
- Teebeutel
- Quark
- Schüssel

Sichtung des Materials

Das Material wird von den Teilnehmern in die Hände genommen und nach Möglichkeit benannt. Wie zu jedem anderen Zeitpunkt der Aktivierung sind Geschichten aus dem Leben der Teilnehmer willkommen.

Beispiele für biografieorientierte Fragen zum Thema

- Welche Kräuter mögen Sie besonders gern?
- Welche Kräuter mögen Sie gar nicht, können Sie vielleicht sogar schlecht riechen?
- Hatten Sie früher einen Garten, in dem Sie Kräuter gepflanzt haben?
  - Wenn ja, welche?
- Welche Gerichte kochen Sie gern, in die man frische Kräuter hineingibt?

- Kennen Sie Kräuter, die bestimmte Beschwerden lindern sollen? Haben Sie selbst die heilende Wirkung von Kräutern erfahren können?
- Hatte Ihre Mutter früher Hausmittel, die mit frischen Kräutern gewirkt haben?
- Welche Kräuter kennen Sie heute, von denen Sie in Kindertagen noch nichts wussten? Wodurch haben Sie neue Kräuter kennen gelernt?

Beispiele für kleine Bewegungsübungen/Wahrnehmungsübungen

- an den Kräutern riechen
- getrocknete Kräuter mit dem Mörser zerkleinern
- gemeinsam Kräuterquark herstellen, ggf. vorher Kartoffeln kochen und diese mit dem Kräuterquark verspeisen
- Tee aus Kräutern kochen und probieren

Beispiele für kleine Aufgaben zum Gedächtnistraining

- die Gegenstände nach dem Anschauen und Besprechen abdecken und gemeinsam aus dem Gedächtnis aufzählen
- von A – Z Kräuternamen zusammentragen
- zusammengesetzte Wörter mit „Kräuter-“/„Kraut-“ sammeln
- sich erinnern: Welche Wirkung spricht man bestimmten Kräutern zu? (z. B. Fenchel ist gut gegen Magenbeschwerden, Lavendel wirkt beruhigend …)

TAG DER ARBEIT

Materialien für eine Aktivierungskiste

- Muster einer Gehaltsabrechnung oder eines Arbeitsvertrags
- Trillerpfeife
- weiße Taube (aus Ton, Tonpapier o. Ä.)
- Figur vom heiligen Josef[1] (z. B. Krippenfigur)
- Picknickkorb mit Obst, Getränken, Plätzchen
- Ball

Sichtung des Materials

Die Materialien werden von den Teilnehmern in die Hände genommen und nach Möglichkeit benannt. Wie zu jedem anderen Zeitpunkt der 10-Minuten-Aktivierung sind Assoziationen und Geschichten aus dem Leben der Teilnehmer willkommen.

Beispiele für biografieorientierte Fragen zum Thema

- Was geht Ihnen durch den Kopf, wenn Sie an den 1. Mai denken?
- Feiern Sie am 1. Mai den „Tag der Arbeit" oder „Maifeiertag"?
- Haben Sie selbst oder einer Ihrer Verwandten/Freunde je an Maikundgebungen teilgenommen?
- Erinnern Sie sich an den 1. Mai in Ihrer Kindheit? Wie wurde dieser Tag in Ihrer Familie gestaltet?

1 Der 1. Mai ist auch der Tag des heiligen Josef. Josef war Zimmermann und gilt als Schutzpatron der Arbeiter.

- Wurden am 1. Mai Ausflüge ins Grüne unternommen?
- Welche Berufe hatten Ihre Eltern?
- Haben Ihre Eltern früher viel gearbeitet?
- Hatten Sie das Gefühl, dass Ihre Eltern gern gearbeitet haben?

Beispiele für kleine Bewegungsübungen/Wahrnehmungsübungen

- gemeinsam ein Picknick machen und Obst, Getränke und Plätzchen verzehren
- die Trillerpfeife ausprobieren
- Bewegungsübungen mit dem Ball machen, z. B. eine Bewegungsgeschichte, ein Bewegungsspiel, Sitzgymnastik, Fußball …

Beispiele für kleine Aufgaben zum Gedächtnistraining

- die (vorher betrachteten und besprochenen) Gegenstände abdecken und gemeinsam aus dem Gedächtnis aufzählen
- Wörter zum Thema „1. Mai" sammeln, die mit den Buchstaben des Wortes M A I F E I E R T A G beginnen
- typische Freizeitaktivitäten zum 1. Mai sammeln
- Berufsbezeichnungen von A – Z sammeln

MUTTERTAG

Materialien für eine Aktivierungskiste

- roten Herzen (aus Ton, Holz, Tonpapier …)
- Blumen
- selbst gemaltes Bild
- selbst gebackener Kuchen oder Muffins
- schönes Geschirr
- Kerzen (Wachs- oder LED-Kerzen)
- Streichhölzer
- festliche Tischdecke

Sichtung des Materials

Die Materialien werden von den Teilnehmern in die Hände genommen und nach Möglichkeit benannt. Wie zu jedem anderen Zeitpunkt der Aktivierung sind Assoziationen und Geschichten aus dem Leben der Teilnehmer herzlich willkommen.

Beispiele für biografieorientierte Fragen zum Thema

- Wurde in Ihrer Familie früher der Muttertag gefeiert?
- Erinnern Sie sich noch an Ihren ersten Muttertag?
- Welches war das schönste Muttertagsgeschenk, das Sie je bekommen haben?
- Mochten/Mögen Sie den Muttertag, oder denken Sie, das war eine unnütze Erfindung?
- Welche Geschenke haben Sie Ihrer Mutter am Muttertag gemacht?

- ▷ Durfte Ihre Mutter die Hausarbeit am Muttertag liegen lassen?
- ▷ Wurde Ihre Mutter am Muttertag zum Essen ausgeführt?
- ▷ Wurden Sie am Muttertag zum Essen ausgeführt?
- ▷ Gab es am Muttertag in Ihrer Ursprungsfamilie bestimmte Bräuche oder Traditionen? Haben Sie die Traditionen in Ihrer eigenen Familie evtl. auch weitergeführt?

Beispiele für kleine Bewegungsübungen/Wahrnehmungsübungen

- ▷ den Tisch schön decken mit Geschirr, Blumen, Kerzen, Dekoration …
- ▷ die Kerzen entzünden
- ▷ gemeinsam den Kuchen essen, evtl. gemeinsam dazu Kaffee und Tee kochen

Beispiele für kleine Aufgaben zum Gedächtnistraining

- ▷ die (vorher besprochenen) Gegenstände abdecken und gemeinsam aus dem Gedächtnis aufzählen
- ▷ sich an Gedichte/Lieder zum Muttertag erinnern
- ▷ gemeinsam ein Muttertagsgedicht verfassen
- ▷ Blumen aufzählen, die im Mai blühen

SCHWIMMEN

Materialien für eine Aktivierungskiste

- Badeanzug
- Badehose
- Badeschlappen
- Badekappe
- Schwimmbrille
- Handtuch
- Schwimmring
- Wasserball

Sichtung des Materials

Die Materialien werden von den Teilnehmern in die Hände genommen und nach Möglichkeit benannt. Assoziationen und Geschichten aus dem Leben der Teilnehmer sind herzlich willkommen.

Beispiele für biografieorientierte Fragen zum Thema

- Sind Sie früher gern schwimmen gegangen?
- Schwimmen Sie lieber im Hallenbad, im See oder im Urlaub im offenen Meer?
- Wie alt waren Sie, als Sie schwimmen lernten?
- Von wem haben Sie schwimmen gelernt? Von Ihren Eltern/Geschwistern oder mit einem Schwimmlehrer?
- Sind Sie als Kind oft schwimmen gegangen?
- Was haben Sie als Kind am Meer unternommen?

- Sind Sie als Erwachsene(r) noch regelmäßig schwimmen gegangen?
- An was denken Sie, wenn Sie den typischen Geruch von Schwimmbad und Chlor wahrnehmen?
- Wie haben Ihre eigenen Kinder schwimmen gelernt?

Beispiele für kleine Bewegungsübungen/Wahrnehmungsübungen

- Badekappe und Schwimmbrille aufsetzen
- Badeschlappen anziehen
- den Wasserball aufpusten und Bewegungsspiele mit dem Ball spielen (Wurfspiele, Rollen, Kegelspiele …)
- das Handtuch ausschütteln und auf dem Boden auslegen

Beispiele für kleine Aufgaben zum Gedächtnistraining

- die (vorher angeschauten und besprochenen) Gegenstände abdecken und gemeinsam aus dem Gedächtnis aufzählen
- Aktivitäten aufzählen, die man im Schwimmbad/im Meer machen kann
- Schwimmstile erinnern, z. B. Brustschwimmen, Kraulen, Rückenschwimmen, Schmetterlingsschwimmen …
- Wie hießen die Schwimmabzeichen früher?

FLUGZEUG

Materialien für eine Aktivierungskiste

- kleines Flugzeug aus Holz oder Plastik
- Bilder von Flugzeugen
- Tomatensaft
- Glas
- Flugticket
- kleiner Koffer oder Reisetasche
- Reiseführer beliebter Urlaubsländer (z. B. Österreich, Schweiz, Italien, Spanien ...)
- Papier

Sichtung des Materials

Die Gegenstände werden in die Hände genommen und nach Möglichkeit benannt. Assoziationen und Geschichten aus dem Leben der Teilnehmer sind willkommen.

Beispiele für biografieorientierte Fragen zum Thema

- Sind Sie schon einmal in einem Flugzeug geflogen?
  - Wenn ja: Was war das für ein Gefühl?
  - Wenn nein: Würden Sie gerne einmal in einem Flugzeug fliegen?
- Was war das schönste Ziel, das Sie mit dem Flugzeug erreicht haben?
- Wohin würden Sie gerne noch einmal mit dem Flugzeug reisen?

- Ist es für Sie ein schönes Gefühl, hoch über den Wolken zu schweben?
- Was trinken Sie am liebsten an Bord?
- Haben Sie als Kind davon geträumt, Pilot/Pilotin zu werden?
- Kennen Sie jemanden aus Ihrer Familie, Ihrem Bekannten-/Freundeskreis, der von Beruf Pilot ist?

Beispiele für kleine Bewegungsübungen/Wahrnehmungsübungen

- den Tomatensaft probieren
- den Koffer mit Reisegepäck packen (entsprechende Utensilien vorher bereitstellen)
- aus dem Papier Flieger basteln und gemeinsam fliegen lassen

Beispiele für kleine Aufgaben zum Gedächtnistraining

- die (vorher betrachteten und besprochenen) Gegenstände abdecken und gemeinsam aus dem Gedächtnis aufzählen
- Gedächtnisspiel: „Ich packe meinen Koffer“
- die Reiseführer anschauen und darüber sprechen, in welchen Gebieten/Städten man schon einmal im Urlaub war
- Reiseziele von A – Z aufzählen

MARKTTAG

Materialien für eine Aktivierungskiste

- Einkaufskorb
- frisches Obst
- frisches Gemüse
- Käse
- Wurst
- Brot und Butter
- frische Schnittblumen
- Vase
- Schürze

Sichtung des Materials

Die Teilnehmer nehmen die Materialien in die Hände und benennen sie nach Möglichkeit. Assoziationen und Geschichten aus dem Leben der Teilnehmer sind herzlich willkommen.

Beispiele für biografieorientierte Fragen zum Thema

- Wann war früher bei Ihnen Markttag?
- Auf welchem Platz wurden die Marktstände aufgebaut?
- An was denken Sie als Erstes, wenn Sie an den Wochenmarkt denken? Hatten/Haben Sie einen Lieblingsstand?
- Gibt es besondere Erlebnisse oder Gewohnheiten, die Sie mit dem Marktbesuch verbinden? (Z. B. Fischbrötchen oder Waffeln direkt am Stand essen …)

- Standen bei Ihnen oft frische Blumen auf dem Tisch, die Sie auf dem Markt gekauft hatten? Oder hat Ihnen jemand welche mitgebracht?
- War der Markttag für Sie ein besonderer Tag im Wochenverlauf?
- Haben Sie beim Marktbesuch viele Leute getroffen, die Sie kannten?

Beispiele für kleine Bewegungsübungen/Wahrnehmungsübungen

- die Blumen anschneiden und in eine Vase stellen
- die Schürze umbinden
- aus dem Obst einen Obstsalat zubereiten und gemeinsam essen
- aus dem Gemüse eine Gemüsesuppe kochen und gemeinsam essen
- das Brot schneiden und mit Käse bzw. Wurst belegen, anschließend eine gemeinsame „Brotzeit" genießen

Beispiele für kleine Aufgaben zum Gedächtnistraining

- die (vorher angesehenen) Gegenstände abdecken und gemeinsam aus dem Gedächtnis aufzählen
- von A – Z Namen von Lebensmitteln zusammentragen, die man auf dem Wochenmarkt kaufen kann
- Obst- und Gemüsesorten sortieren nach der Zeit, in der sie geerntet werden

URLAUB

Materialien für eine Aktivierungskiste

- Urlaubskataloge
- Bikini
- Badehose
- Badeanzug
- Muscheln
- Urlaubsfotos
- Spielzeugflugzeug
- Sonnencreme
- Sand

Sichtung des Materials

Die Materialien werden von den Teilnehmern in die Hände genommen und nach Möglichkeit benannt. Wie zu jedem anderen Zeitpunkt der Aktivierung sind Geschichten aus dem Leben der Teilnehmer willkommen.

Beispiele für biografieorientierte Fragen zum Thema

- Wann sind Sie zum ersten Mal in den Urlaub gefahren?
- Wo waren Sie überall im Urlaub?
- Sind Sie im Urlaub einmal mit einem Schiff gefahren?
  - Wenn ja, fahren Sie gern mit dem Schiff?
- Sind Sie schon einmal mit einem Flugzeug verreist?
  - Wenn ja, fliegen Sie gerne?

Beispiele für kleine Bewegungsübungen/Wahrnehmungsübungen

- an der Sonnencreme riechen
- die Sonnencreme auf den Händen verteilen (Vorsicht bei Allergien oder Unverträglichkeiten!)
- die Muscheln nach Größe, Farbe oder Art sortieren
- die Urlaubskataloge durchblättern
- die Urlaubsfotos betrachten

Beispiele für kleine Aufgaben zum Gedächtnistraining

- die (vorher betrachteten und besprochenen) Gegenstände abdecken und gemeinsam aus dem Gedächtnis aufzählen
- von A – Z Namen von Urlaubsorten sammeln
- berühmte Sehenswürdigkeiten den passenden Städten zuordnen
- Spiel: „Ich packe meinen Koffer“

GARTEN

Materialien für eine Aktivierungskiste

- Erde
- Sand
- Kiesel
- kleine Harke
- kleine Schaufel
- Blumen
- Früchte

Sichtung des Materials

Das Material wird von den Teilnehmern in die Hände genommen und nach Möglichkeit benannt. Wie zu jedem anderen Zeitpunkt der Aktivierung sind Assoziationen und Geschichten aus dem Leben der Teilnehmer willkommen.

Beispiele für biografieorientierte Fragen zum Thema

- Hatten Sie früher einen Garten?
- Was waren Ihre Lieblingsblumen im Garten?
- Haben Sie auch Gemüse/Obst angebaut?
- Wer hat das Unkraut gejätet?

Beispiele für kleine Bewegungsübungen/Wahrnehmungsübungen

- fiktives Harken, Schaufeln
- an der Erde/den Kieseln/dem Sand riechen
- an den Blumen und den Früchten riechen
- Unterschiede zwischen Erde, Kieseln und Sand ertasten

Beispiele für kleine Aufgaben zum Gedächtnistraining

- die Gegenstände (nach dem Anschauen und Besprechen) abdecken und gemeinsam aus dem Gedächtnis aufzählen
- Blumennamen von A – Z sammeln
- verschiedene Gartenarbeiten aufzählen
- Tipps zum Gärtnern austauschen (zum Beispiel über Mittel gegen Unkraut, Düngemittel, Mittel gegen Schnecken …)

EIS

Materialien für eine Aktivierungskiste

- verschiedene Sorten Eis
- Waffelhörnchen
- geschlagene Sahne (oder flüssiger Sahne zum Schlagen)
- Eisschälchen
- Löffel
- Eisportionierer
- Eiswürfelbereiter
- kleine Dekoschirmchen
- eine Eiskarte (aus der Eisdiele oder selbst gemacht)

Sichtung des Materials

Die Materialien werden von den Teilnehmern in die Hände genommen und nach Möglichkeit benannt. Wie zu jedem anderen Zeitpunkt der 10-Minuten-Aktivierung sind Assoziationen und Geschichten aus dem Leben der Teilnehmer herzlich willkommen.

Beispiele für biografieorientierte Fragen zum Thema

- Essen Sie gerne Eis?
- Was ist Ihre Lieblingseissorte?
- Erinnern Sie sich, wie es war, wenn Sie in Ihrer Kindheit Eis gegessen haben? Wie oft gab es damals Eis, und mit wem haben Sie es gegessen?
- An welche Eissorten erinnern Sie sich aus Ihrer Kindheit?

- Zu welchen Anlässen sind Sie mit Ihren eigenen Kindern Eis essen gegangen?
- Welcher ist heute Ihr Lieblingseisbecher aus der Eisdiele?
- Was kostete früher eine Kugel Eis?
- Kennen Sie von früher Wassereis?

Beispiele für kleine Bewegungsübungen/Wahrnehmungsübungen

- gemeinsam Eisbecher mit den Lieblingseissorten zubereiten
- Sahne schlagen
- Eisbecher dekorieren
- Eis essen
- eine eigene Eiskarte nur aus Eisbechern mit den Lieblingseissorten zusammenstellen
- Wasser in einen Eiswürfelbereiter füllen, gefrieren lassen; Eiswürfel hinterher in einem kühlen Getränk genießen

Beispiele für kleine Aufgaben zum Gedächtnistraining

- die (vorher betrachteten und besprochenen) Gegenstände abdecken und gemeinsam aus dem Gedächtnis aufzählen
- Eissorten von A – Z sammeln
- zusammengesetzte Wörter mit „Eis-“ finden
- sich an Namen von Eisbechern erinnern

SONNE

Materialien für eine Aktivierungskiste

- ▷ Sonnenhut
- ▷ Sonnencreme
- ▷ Badehose
- ▷ Wasserball
- ▷ Schwimmreifen
- ▷ Holzkohle
- ▷ Grillzange
- ▷ Sommerblumen
- ▷ Sonne (aus Holz, Pappe, Plüsch …)

Sichtung des Materials

Die Materialien werden von den Teilnehmern in die Hände genommen und benannt. Assoziationen und Geschichten aus dem Leben der Teilnehmer sind dazu herzlich willkommen.

Beispiele für biografieorientierte Fragen zum Thema

- ▷ An was denken Sie zuerst, wenn Sie das Wort „Sonne" hören?
- ▷ Was haben Sie als Kind in den Sommerferien unternommen?
- ▷ Gab es ein Urlaubsziel, das Sie als Kind (alleine oder mit der Familie) oft besucht haben?
- ▷ Mögen Sie es, sich einen Sonnenuntergang anzuschauen? An was denken Sie dann?

- Bekommen Sie schnell einen Sonnenbrand, wenn Sie sich zu lange in der Sonne aufhalten?
- Welche Sommerblumen mögen Sie am liebsten?
- Sind Sie als Kind oft ins Freibad gegangen?
- Wurde bei schönem Wetter im Sommer mit der Familie gegrillt?
- Hatte Ihre Familie einen eigenen Garten (oder Balkon)?

Beispiele für kleine Bewegungsübungen/Wahrnehmungsübungen

- an den Sommerblumen riechen
- den Sonnenhut aufsetzen
- an der Sonnencreme riechen, ggf. etwas auf den Handrücken reiben (Vorsicht bei Allergien oder Unverträglichkeiten!)
- Bewegungsspiele mit dem Wasserball spielen (werfen, rollen, kegeln)
- Holzkohle in die Hand nehmen, dann auf Papier einen Handabdruck machen

Beispiele für kleine Aufgaben zum Gedächtnistraining

- die (vorher besprochenen) Gegenstände abdecken und gemeinsam auswendig aufzählen
- zusammengesetzte Wörter mit „Sonne-“ sammeln
- Sprichwörter und Redewendungen zum Thema „Sonne“ erinnern
- gemeinsam Sommerlieder erinnern und singen

EINE SEEFAHRT

Materialien für eine Aktivierungskiste

- Seemannsmütze
- Schiffchen (aus Holz, Plastik oder aus Papier gebastelt)
- große Schüssel mit Wasser
- Anker (aus Pappe)
- Badehose
- Sonnenhut
- Sonnencreme

Sichtung des Materials

Die Materialien werden von den Teilnehmern in die Hände genommen und nach Möglichkeit benannt. Wie zu jedem anderen Zeitpunkt der 10-Minuten-Aktivierung sind Assoziationen und Geschichten aus dem Leben der Teilnehmer herzlich willkommen.

Beispiele für biografieorientierte Fragen zum Thema

- Haben Sie schon einmal eine Seefahrt gemacht?
  - Wenn ja: Wann haben Sie Ihre erste Seefahrt gemacht? Auf was für einem Schiff? Hat Ihnen die Seefahrt gefallen? Wohin ging die Reise?
  - Wenn nein: Hätten Sie denn gerne eine Seefahrt gemacht? Wohin wären Sie gerne mit dem Schiff gefahren?
- Haben Sie ein Reiseziel, wo Sie schon immer hinwollten, wo Sie aber noch nie waren?

- Haben Sie selbst einen Segel- oder Bootsführerschein?
- Kennen Sie jemanden, der einen Segel- oder Bootsführerschein hat?
- Würden Sie gern einmal eine Reise auf dem „Traumschiff“ machen?

Beispiele für kleine Bewegungsübungen/Wahrnehmungsübungen

- die Seemannsmütze/den Sonnenhut aufsetzen
- das Schiffchen auf dem Wasser in der Schüssel fahren lassen
- mit den bloßen Händen und/oder Füßen im Wasser spielen
- an der Sonnencreme riechen, evtl. etwas auf den Handrücken geben (nur bei intakter Haut und bei Menschen ohne Allergierisiko)

Beispiele für kleine Aufgaben zum Gedächtnistraining

- die (vorher betrachteten und besprochenen) Gegenstände abdecken und gemeinsam aus dem Gedächtnis aufzählen
- das Spiel „Ich packe meinen Koffer“ mit Sachen, die man auf einer Seereise gebrauchen kann
- von A – Z Assoziationen zum Thema „Eine Seefahrt“ sammeln
- beliebte Urlaubsländer oder -städte von A – Z sammeln

OBST UND GEMÜSE

Materialien für eine Aktivierungskiste

- verschiedene Sorten Obst
- verschiedene Sorten Gemüse
- Backform
- Salatschüssel
- Schälmesser
- Obst- und Gemüsepflanzen
- kleine Schaufel
- Gartenhandschuhe

Sichtung des Materials

Die Materialien werden von den Teilnehmern in die Hände genommen und nach Möglichkeit benannt. Wie zu jedem anderen Zeitpunkt der 10-Minuten-Aktivierung sind Assoziationen und Geschichten aus dem Leben der Teilnehmer herzlich willkommen.

Beispiele für biografieorientierte Fragen zum Thema

- Mögen Sie gern Obst? Welches ist Ihr Lieblingsobst?
- Mögen Sie gern Gemüse? Welches Gemüse essen Sie am liebsten?
- Haben Sie früher Obst und Gemüse im eigenen Garten angebaut?
- Wer hat die Früchte/das Gemüse geerntet?
- Welche Gerichte wurden mit dem Gemüse zubereitet? Wurde aus dem Obst Marmelade gekocht?

- Gibt es ein Lieblingsrezept Ihrer Mutter, das Sie heute noch gerne kochen?

Beispiele für kleine Bewegungsübungen/Wahrnehmungsübungen

- das Obst und Gemüse schälen und klein schneiden
- aus dem Obst einen Obstsalat zubereiten und gemeinsam verzehren
- aus dem Gemüse eine Suppe oder einen Auflauf zubereiten und gemeinsam essen
- die Gartenhandschuhe anprobieren
- die Pflanzen im Garten einpflanzen
- mit dem Spaten ein Beet umgraben

Beispiele für kleine Aufgaben zum Gedächtnistraining

- die (vorher angeschauten und besprochenen) Gegenstände abdecken und gemeinsam aus dem Gedächtnis aufzählen
- Obstsorten von A – Z sammeln
- Gemüsesorten von A – Z sammeln
- sich an Lieblingsrezepte mit Obst oder Gemüse erinnern

AUTO FAHREN

Materialien für eine Aktivierungskiste

- Spielzeugautos
- Autozeitschriften
- Duftbäumchen
- Wackel-Dackel
- Klorollenhäkelüberzug
- Hupe
- Motoröl

Sichtung des Materials

Die Teilnehmer nehmen das Material in die Hände und benennen es nach Möglichkeit. Wie zu jedem anderen Zeitpunkt der Aktivierung sind Assoziationen und Geschichten aus dem Leben der Teilnehmer willkommen.

Beispiele für biografieorientierte Fragen zum Thema

- Haben Sie einen Führerschein?
- Erinnern Sie sich noch an Ihre Führerscheinprüfung?
- Erinnern Sie sich noch an Ihr erstes Auto?
  - Wenn ja, welche Farbe hatte es? Welche Marke war es?
- Wer hat bei Ihnen das Auto geputzt?
- Womit wurde das Auto geputzt?
- Haben Sie Autoreparaturen selbst durchgeführt?
- Hatten Sie einmal einen Autounfall?
- Hatten Sie einmal eine Autopanne?
- Haben Sie einmal einen Autoreifen gewechselt?

Beispiele für kleine Bewegungsübungen/Wahrnehmungsübungen

- die Spielzeugautos über den Tisch fahren lassen
- in den Autozeitschriften blättern
- an den Duftbäumen riechen
- den Wackel-Dackel „wackeln“ lassen
- Schlager zum Thema Autos anhören
- Spielzeugautos nach Farben sortieren

Beispiele für kleine Aufgaben zum Gedächtnistraining

- die (vorher betrachteten und besprochenen) Gegenstände abdecken und gemeinsam aus dem Gedächtnis aufzählen
- zusammengesetzte Wörter mit „Auto-“ sammeln
- so viele Automarken wie möglich nennen
- Automarken ihren Logos zuordnen

ERNTEDANK

Materialien für eine Aktivierungskiste

- ▷ Brot
- ▷ verschiedene Obst- und Gemüsesorten
- ▷ Getreide
- ▷ Mehl
- ▷ Honig
- ▷ Kerze(n) (ggf. LED-Kerzen)
- ▷ Tischdecke
- ▷ Servietten
- ▷ Krug mit Wasser oder Saft (ggf. Wein)

Sichtung des Materials

Die Teilnehmer nehmen das Material in die Hände und benennen es nach Möglichkeit. Wie zu jedem anderen Zeitpunkt der Aktivierung sind Geschichten aus dem Leben der Teilnehmer herzlich willkommen.

Beispiele für biografieorientierte Fragen zum Thema

- ▷ Was fällt Ihnen zu dem Wort „Erntedankfest“ ein?
- ▷ Wie wurde das Fest früher bei Ihnen gefeiert?
- ▷ Gab es einen Gottesdienst mit anschließendem Umzug, an dem Sie teilnahmen?
- ▷ Wie wurde innerhalb Ihrer Familie mit dem Erntedankfest umgegangen? Wurde dieses Fest besonders gefeiert, oder war es ein Sonntag wie jeder andere?
- ▷ Hatten Sie einen Garten, in dem Sie selbst Obst und Gemüse angebaut und geerntet haben?

- Wenn ja, was haben Sie angebaut, und wie ging die Gartenarbeit vor sich?
- Welche Obst- und Gemüsesorten essen Sie gerne?
- Haben Sie Ihr Brot früher selbst gebacken?

Beispiele für kleine Bewegungsübungen/Wahrnehmungsübungen

- einen Tisch schön decken
- das Obst und Gemüse schälen und schneiden
- an Brot, Obst und Gemüse riechen und die einzelnen Dinge probieren
- Wasser/Saft/Wein in Gläser einschenken und probieren
- die Kerze(n) entzünden
- Servietten falten

Beispiele für kleine Aufgaben zum Gedächtnistraining

- die Gegenstände (nach dem Anschauen und Betrachten) abdecken und gemeinsam aus dem Gedächtnis aufzählen
- Welche Sorten an Obst und Gemüse fallen Ihnen noch ein?
- Wie wird der Zeitpunkt des Erntedankfests errechnet? Woher kommt der Brauch?[2]

2 Das Erntedankfest wird immer am ersten Sonntag im Oktober gefeiert. Da früher noch viel mehr Menschen direkt von der Landwirtschaft abhängig waren, ist das Erntedank Fest einer der ältesten Bräuche überhaupt. Er wird im Christentum vermutlich seit dem 3. Jahrhundert nach Christus gefeiert.

HERBSTSPAZIERGANG

Materialien für eine Aktivierungskiste

- Kastanien
- Bucheckern
- Tannenzapfen, Kiefernzapfen etc.
- Eicheln
- Regenschirm
- Gummistiefel
- getrocknetes Laub (von Platane, Kastanie, Eiche, Linde, Birke, etc.)
- Teekanne
- Tasse
- Teebeutel/loser Tee
- Schüssel mit Wasser

Sichtung des Materials

Die Materialien werden von den Teilnehmern in die Hände genommen und nach Möglichkeit benannt. Wie zu jedem anderen Zeitpunkt der Aktivierung sind Assoziationen und Geschichten aus dem Leben der Teilnehmer herzlich willkommen.

Beispiele für biografieorientierte Fragen zum Thema

- Was verbinden Sie mit dem Herbst?
- Freuen Sie sich auf den Herbst, oder haben Sie eher ein wehmütiges Gefühl, da der Sommer vorbeigeht?
- Was haben Sie früher als Kind im Herbst erlebt?

- ▷ Sind Sie in den Wald gegangen, um Kastanien, Bucheckern, Blätter etc. zu sammeln?
- ▷ Haben Sie früher mit den gesammelten Kastanien, Eicheln und Blättern gebastelt?
- ▷ Kinder lieben es, in Pfützen zu springen. Können Sie sich noch daran erinnern, was das für ein Gefühl war? Haben Sie es gemocht?
- ▷ Wie liefen die Sonntagsspaziergänge im Herbst ab? Gab es danach Tee (oder Kaffee/Kakao) im Kreise der Familie?
- ▷ Wie haben sich bei Ihnen die Sonntagnachmittage im Herbst gestaltet?

Beispiele für kleine Bewegungsübungen/Wahrnehmungsübungen

- ▷ die Kastanien, Bucheckern, Blätter etc. spüren und betasten
- ▷ den Regenschirm aufspannen und die Gummistiefel anziehen
- ▷ die Hände, Füße in das Wasser halten (ggf. auch ein wenig damit spritzen)
- ▷ Tee in der Teekanne bereiten und evtl. auch gemeinsam eine Tasse trinken

Beispiele für kleine Gedächtnistrainingsaufgaben

- ▷ die Materialien (nach dem Betrachten und Besprechen) abdecken und gemeinsam aus dem Gedächtnis aufzählen
- ▷ Was kann man im Herbst alles im Wald/auf der Straße sammeln?
- ▷ Wie trocknet man Blätter am besten?
- ▷ Welche Herbstlieder kennen Sie?

WANDERTAG

Materialien für eine Aktivierungskiste

- Wanderschuhe
- Sonnenhut
- Rucksack
- Wanderkarte
- Trinkflasche
- Brotdose
- Wanderstock
- Regenjacke

Sichtung des Materials

Die Materialien werden von den Teilnehmern in die Hände genommen und nach Möglichkeit benannt. Wie zu jedem anderen Zeitpunkt der Aktivierung sind Assoziationen und Geschichten aus dem Leben der Teilnehmer herzlich willkommen.

Beispiele für biografieorientierte Fragen zum Thema

- Gab es bei Ihnen in der Schule einen Wandertag?
  - Wenn ja, wohin gingen die Ausflüge?
- Sind Sie regelmäßig und gern wandern gegangen?
- Führten Ihre Wanderungen lieber in die Berge oder auf ebenes Gelände?
- Was haben Sie in Ihren Rucksack gepackt? Gab es Rituale oder besonderen Proviant?
- Gibt es ein Ziel, zu dem Sie besonders oft gewandert sind?

- ▷ Gibt es einen Ort, den Sie immer schon besuchen wollten, aber nie besucht haben?

Beispiele für kleine Bewegungsübungen/Wahrnehmungsübungen

- ▷ die Wanderkleidung anprobieren und den Rucksack aufsetzen
- ▷ den Rucksack packen
- ▷ mit dem Wanderstock laufen
- ▷ die verschiedenen Materialien fühlen
- ▷ gemeinsam eine Pausenmahlzeit zubereiten und essen

Beispiele für kleine Aufgaben zum Gedächtnistraining

- ▷ die (vorher betrachteten und besprochenen) Gegenstände abdecken und gemeinsam aus dem Gedächtnis aufzählen
- ▷ möglichst viele Wanderlieder aufzählen
- ▷ Lied „Das Wandern ist des Müllers Lust“ singen
- ▷ einen Standort und ein Ziel bestimmen und gemeinsam mit einer Karte eine Wanderroute planen
- ▷ Abwandlung des Spiels „Ich packe meinen Koffer“ in: „Ich packe meinen Rucksack“

DRACHEN

Materialien für eine Aktivierungskiste

- ein Drachen (zum Zusammenstecken)
- Windjacke
- wetterfeste Schuhe
- bunte Pappe, Transparentpapier, Kleber und Band, um einen Drachen zur Fensterdekoration selbst zu gestalten

Sichtung des Materials

Das Material wird von den Teilnehmern in die Hände genommen und nach Möglichkeit benannt. Wie zu jedem anderen Zeitpunkt der Aktivierung sind Assoziationen und Geschichten aus dem Leben der Teilnehmer herzlich willkommen.

Beispiele für biografieorientierte Fragen zum Thema

- Haben Sie als Kind im Herbst Drachen steigen lassen?
- Wer hat Ihnen beigebracht, wie man einen Drachen steigen lässt?
- Mit wem sind Sie losgezogen, um Drachen steigen zu lassen? Gab es besondere Anlässe?
- Haben Sie schon einmal einen Drachen selbst gebaut?
- Was fühlen Sie, wenn Sie ans Drachen-steigen-Lassen denken?
- Hatten Ihre Kinder einen Drachen?

Beispiele für kleine Bewegungsübungen/Wahrnehmungsübungen

- den Drachen ausbreiten und zusammenbauen, die verschiedenen Materialien spüren
- Windjacke und Schuhe anziehen
- gemeinsam einen Drachen als Fensterdekoration basteln

Beispiele für kleine Aufgaben zum Gedächtnistraining

- die Gegenstände (nach dem Anschauen und Besprechen) abdecken und gemeinsam aus dem Gedächtnis aufzählen
- Was braucht man, um einen Drachen zusammenzubauen?
- Zusammengesetzte Wörter mit „Drachen-“ finden

KASTANIEN

Materialien für eine Aktivierungskiste

- Kastanienfrüchte (auch Esskastanien)
- Blätter der Kastanie (grün oder mit Herbstverfärbung)
- Bilder vom Blätterdruck mit Kastanienblättern
- gebastelte Figuren aus Kastanien
- Servietten mit Kastanienmotiven
- gegarte Esskastanien
- Rezept für die Zubereitung von Esskastanien

Sichtung des Materials

Die Materialien werden von den Teilnehmern in die Hände genommen und nach Möglichkeit benannt. Assoziationen und Geschichten aus dem Leben der Teilnehmer sind herzlich willkommen.

Beispiele für biografieorientierte Fragen zum Thema

- An was denken Sie zuerst, wenn Sie das Wort „Kastanie" hören?
- Sind Sie als Kind im Herbst auch immer auf Kastaniensuche gegangen?
- Was haben Sie mit den Kastanien gemacht? Haben Sie z. B. Figuren daraus gebastelt oder damit gespielt …?
- Wissen Sie noch, wo früher in Ihrer Wohngegend Kastanienbäume standen?
- Haben Sie schon einmal Esskastanien gegessen? Wenn ja, wie haben sie Ihnen geschmeckt?
- Haben Sie selbst schon einmal Esskastanien zubereitet?

- ▷ Kennen Sie Rezepte, in denen Kastanien vorkommen? Zum Beispiel alte Rezepte von Ihrer Mutter?

Beispiele für kleine Bewegungsübungen/Wahrnehmungsübungen

- ▷ Bewegungsspiele mit den Kastanien (z. B. Zielwerfen, Rollen)
- ▷ Figuren aus den Kastanien basteln
- ▷ Esskastanien zubereiten und gemeinsam essen, dafür den Tisch mit den Servietten decken
- ▷ Blätterdruck mit Kastanienblättern

Beispiele für kleine Aufgaben zum Gedächtnistraining

- ▷ die (vorher angeschauten und besprochenen) Gegenstände abdecken und gemeinsam aus dem Gedächtnis aufzählen
- ▷ zusammengesetzte Wörter mit „Kastanie" finden
- ▷ Anagramme aus dem Wort KASTANIENBAUM finden

NEUJAHR

Materialien für eine Aktivierungskiste

- Wasserflasche und Trinkgläser
- Kissen mit Bezug
- Mütze und Schal
- Glücksbringer (vierblättriges Kleeblatt, Schornsteinfeger, Glückspfennig/1-Cent-Stück ...)

Sichtung des Materials

Die Materialien werden von den Teilnehmern in die Hände genommen und benannt. Assoziationen und Geschichten aus dem Leben der Teilnehmer sind willkommen.

Beispiele für biografieorientierte Fragen zum Thema

- Wie wurde bei Ihnen immer der Neujahrstag verbracht?
- Gab es einen „Frühschoppen“ am 1. Januar?
- Welche Bräuche gab es bei Ihnen am Neujahrstag?
- Was gab es zu essen?
- Haben Sie mit Ihrer Familie einen Neujahrspaziergang (im Schnee) gemacht?
- War es in Ihrer Kindheit/als Erwachsener üblich, gute Vorsätze für das neue Jahr zu fassen?
- Welche Vorsätze haben Sie nie durchhalten können?
- Welche Vorsätze haben Sie erfolgreich umgesetzt?
- Kennen Sie typische Glücksbringer für Neujahr?

Beispiele für kleine Bewegungsübungen/Wahrnehmungsübungen

- Mütze und Schal anziehen
- die Wassergläser füllen und anstoßen
- das Kissen beziehen

Beispiele für kleine Aufgaben zum Gedächtnistraining

- die Gegenstände (nach dem Betrachten und Besprechen) abdecken und gemeinsam aus dem Gedächtnis aufzählen
- typische Neujahrswünsche sammeln
- typische Neujahrs-Bräuche zusammentragen
- Was sind übliche Vorsätze, die an Neujahr gefasst werden?

FRAU HOLLE

Materialien für eine Aktivierungskiste

- Daunen
- Kissen mit Bezug
- Brot
- Apfel
- Schneekugel
- Goldtaler (aus Kunststoff, aus Pappe geschnitten oder aus Schokolade mit goldenem Papier)

Sichtung des Materials

Die Materialien werden von den Teilnehmern in die Hände genommen und nach Möglichkeit benannt. Wie zu jedem anderen Zeitpunkt der Aktivierung sind Assoziationen und Geschichten aus dem Leben der Teilnehmer herzlich willkommen.

Beispiele für biografieorientierte Fragen zum Thema

- Welche Gedanken verbinden Sie mit dem Märchen „Frau Holle“?
- Wurden Ihnen früher Märchen vorgelesen?
    - Wenn ja, von wem?
- Haben Sie Ihren eigenen Kindern Märchen vorgelesen? Welche Märchen haben sie gerne gehört?
- Welche Rolle hätten Sie gerne in dem Märchen „Frau Holle“ eingenommen und warum?
- War „Frau Holle“ Ihr Lieblingsmärchen?
    - Wenn nein, welches war Ihr Lieblingsmärchen?

- Welche Märchen konnten Sie als Kind auswendig erzählen?
- Welche Märchen können Sie heute noch auswendig erzählen?
- Denken Sie, wenn es anfängt zu schneien, an das Märchen „Frau Holle“?

Beispiele für kleine Bewegungsübungen/Wahrnehmungsübungen

- die Federn anfassen und spüren, wie sie sich anfühlen
- das Kopfkissen aufschütteln
- an Brot und Apfel riechen, ggf. davon probieren
- die Schneekugel schütteln

Beispiele für kleine Aufgaben zum Gedächtnistraining

- die (zuvor betrachteten und besprochenen) Gegenstände abdecken und gemeinsam aus dem Gedächtnis aufzählen
- das Märchen „Frau Holle“ erzählen
- Was hat der Hahn gesagt, als Gold- und Pechmarie nach Hause kamen?
- Welche Märchen fallen Ihnen sonst noch ein?

GESUNDHEIT

Materialien für eine Aktivierungskiste

- Taschentücher (Papier oder Stoff)
- Schal
- leere Tablettenschachtel
- leeres Fläschchen Nasentropfen
- Wärmflasche
- Tasse
- loser Tee oder Teebeutel

Sichtung des Materials

Die Materialien werden von den Teilnehmern in die Hände genommen und nach Möglichkeit benannt. Assoziationen und Geschichten aus dem Leben der Teilnehmer sind herzlich willkommen.

Beispiele für biografieorientierte Fragen zum Thema

- Waren Sie als Kind oft krank?
- Was hat Ihnen bei Krankheit oft geholfen?
- Welche Hausmittel kennen Sie noch von Ihrer Mutter?
- Welche Hausmittel wenden Sie noch heute an?
- Sind Sie jemand, der Krankheiten schnell übersteht, oder brauchen Sie lange bis zur Genesung?

Beispiele für kleine Bewegungsübungen/Wahrnehmungsübungen

- am Tee riechen
- den Schal umhängen
- Papiertaschentücher aus der Packung holen oder Stofftaschentücher falten
- Wärmflasche mit warmem Wasser füllen und auf den Bauch legen

Beispiele für kleine Aufgaben zum Gedächtnistraining

- die Gegenstände (nach dem Betrachten und Besprechen) abdecken und gemeinsam aus dem Gedächtnis aufzählen
- Sprichwörter und Redensarten zum Thema Gesundheit/Krankheit erinnern (Ein Apfel am Tag hält den Doktor fern; jemandem hängt der Magen schief/läuft die Galle über …)
- Was sagen Sie, wenn jemand geniest hat?
- Welche berühmten Hausmittel gibt es gegen Erkältung/Fieber/Übelkeit …?

STERNZEICHEN

Materialien für eine Aktivierungskiste

- Karten mit den Symbolen der Sternzeichen
- Kalender
- Horoskope
- Kärtchen, auf denen Charaktereigenschaften stehen

Sichtung des Materials

Die Teilnehmer nehmen die Materialien in die Hände und benennen sie nach Möglichkeit. Wie zu jedem anderen Zeitpunkt der 10-Minuten-Aktivierung sind Assoziationen und Geschichten aus dem Leben der Teilnehmer willkommen.

Beispiele für biografieorientierte Fragen zum Thema

- In welchem Sternzeichen sind Sie geboren?
- Wissen Sie, welche Charaktereigenschaften man Ihrem Sternzeichen nachsagt?
- Treffen diese Charaktereigenschaften auf Sie zu?
- Lesen Sie regelmäßig Horoskope?
- Glauben Sie an Horoskope?
- Wissen Sie noch, unter welchem Sternzeichen Ihre Eltern/Kinder geboren wurden?
- Wurde früher in Ihrer Familie über Sternzeichen geredet?

- Wenn Sie an Horoskope und Eigenschaften von Sternzeichen glauben: Sind Sie zufrieden mit Ihrem Sternzeichen, oder hätten Sie lieber ein anderes?
  - Wenn ja, welches?

Beispiele für kleine Aufgaben zum Gedächtnistraining

- die (vorher angesehenen und besprochenen) Gegenstände abdecken und gemeinsam aus dem Gedächtnis aufzählen
- den Sternzeichen ihre Charaktereigenschaften zuordnen
- die Sternzeichen nach Datum sortieren

BIER HER!

Materialien für eine Aktivierungskiste

- ▷ Bierflaschen (verschiedene Sorten)
- ▷ alternativ oder zusätzlich: Etiketten von Biermarken
- ▷ Kronkorken verschiedener Biermarken
- ▷ Bierdeckel
- ▷ Flaschenöffner
- ▷ Biergläser
- ▷ Knabbergebäck (z. B. Salzstangen, Chips …)

Sichtung des Materials

Die Materialien werden von den Teilnehmern in die Hände genommen und nach Möglichkeit benannt. Assoziationen und Geschichten aus dem Leben der Teilnehmer sind herzlich willkommen.

Beispiele für biografieorientierte Fragen zum Thema

- ▷ Trinken Sie gerne mal ein Glas Bier?
- ▷ Welche Biersorte oder -marke trinken Sie am Liebsten?
- ▷ Zu welchen Gelegenheiten haben Sie früher Bier getrunken?
- ▷ Wann trinken Sie heute noch Bier?
- ▷ Wissen Sie noch, wie alt Sie waren, als Sie Ihr erstes Glas Bier getrunken haben? Hat es Ihnen auf Anhieb geschmeckt?
- ▷ Kennen Sie noch den sonntäglichen Frühschoppen? Waren Sie vielleicht selbst früher sonntags beim Frühschoppen?

- Gibt/Gab es an Fernsehabenden, z. B. bei Fußballübertragungen, bei Ihnen Bier und Knabbereien?
- Kennen Sie Koch-Rezepte, in denen Bier vorkommt?

Beispiele für kleine Bewegungsübungen/Wahrnehmungsübungen

- Bierflaschen mit dem Flaschenöffner öffnen
- Bier aus der Flasche in die Gläser einschenken
- Gläser auf die Bierdeckel stellen
- an den verschiedenen Biersorten riechen
- das Bier (und die Knabbersachen) probieren
- eine Pyramide aus Bierdeckeln bauen

Beispiele für kleine Aufgaben zum Gedächtnistraining

- die (vorher angeschauten und besprochenen) Gegenstände abdecken und gemeinsam aus dem Gedächtnis aufzählen
- aus den Flaschenetiketten, den Kronkorken oder den verschiedenen Bierdeckeln ein Zuordnungsspiel herstellen und gemeinsam spielen
- Biersorten aufzählen
- Biermarken aufzählen
- Gesprächsanregung: Aus was wird Bier gebraut? Wie läuft der Brauvorgang ab?

IM WEIN LIEGT WAHRHEIT

Materialien für eine Aktivierungskiste

- Weingläser
- jeweils einer Flasche Rot- und Weißwein
- evtl. Saft oder Fruchtsaftschorle
- Servietten in Weinrot oder mit Motiven passend zum Thema Wein
- Weintrauben
- Brot
- Käse am Stück

Sichtung des Materials

Die Teilnehmer nehmen die Materialien in die Hände und betrachten sie. Nach Möglichkeit werden die Gegenstände auch benannt. Wie zu jedem anderen Zeitpunkt der 10-Minuten-Aktivierung sind Assoziationen und Geschichten aus dem Leben der Teilnehmer herzlich willkommen.

Beispiele für biografieorientierte Fragen zum Thema

- Trinken Sie gern Wein?
- Welche ist Ihre Lieblingsweinsorte?
- Hatten/Haben Sie besondere Weingläser für Rot- und Weißwein?
- Was wurde früher bei Familienfeiern besonders gerne getrunken?
- Haben Sie ein besonderes Rezept zum Kochen oder Backen, bei dem Wein als Zutat dazugegeben wird (z. B. Weincreme, Bratensoße …)?

- ▷ Haben Sie schon einmal eine Weinprobe gemacht?
  - ▷ Wenn ja, wo war das?
- ▷ Zu welchem Gericht trinken Sie besonders gern ein Glas Wein?
- ▷ Haben Ihre Eltern früher gern Wein getrunken?
- ▷ Wissen Sie noch, wann und wo Sie ihr erstes Glas Wein getrunken haben?

Beispiele für kleine Bewegungsübungen/Wahrnehmungsübungen

- ▷ den Wein (ersatzweise Saft oder Fruchtsaftschorle) in ein Weinglas schenken und das Glas schwenken
- ▷ einen Tisch für eine Weinprobe vorbereiten: Servietten falten, Teller verteilen, Brot und Käsewürfel schneiden, Gläser polieren und auf den Tisch stellen, Wein dazustellen, Weintrauben waschen und auf einem Teller anrichten
- ▷ gemeinsam eine Weinprobe machen (ersatzweise mit Saft oder Fruchtsaftschorle)

Beispiele für kleine Aufgaben zum Gedächtnistraining

- ▷ die (vorher angeschauten und besprochenen) Gegenstände abdecken und gemeinsam aus dem Gedächtnis aufzählen
- ▷ Rot- und Weißweinsorten aufzählen
- ▷ Rezepte mit Wein als Zutat erinnern
- ▷ Gerichte sammeln, zu denen man typischerweise Rot- oder Weißwein trinkt

GEBURTSTAG

Materialien für eine Aktivierungskiste

- Geburtstagskerze (Wachs- oder LED-Kerze)
- Luftballon
- Serviette
- Kuchengabel
- Streichhölzer
- Blumenstrauß
- Sektgläser und/oder kleine Flasche Sekt (bzw. Apfelsaftschorle)

Sichtung des Materials

Die Teilnehmer nehmen die Materialien in die Hände und benennen Sie nach Möglichkeit. Wie zu jedem anderen Zeitpunkt der 10-Minuten-Aktivierung sind Assoziationen und Geschichten aus dem Leben der Teilnehmer herzlich willkommen.

Beispiele für biografieorientierte Fragen zum Thema

- Welche Erinnerungen haben Sie an Ihre Geburtstage in der Kindheit?
- Welches ist das schönste Geschenk, dass Sie bisher zum Geburtstag bekommen haben?
- War der Geburtstag zu Ihrer Volljährigkeit für Sie ein besonderer Geburtstag?
- Welcher war der letzte Geburtstag, den Sie richtig groß gefeiert haben?

- Wie haben sich die Geburtstage im Laufe der Jahre, von der Kindheit bis zum Erwachsenenalter, verändert?
- Gab/Gibt es an Geburtstagen besondere Rituale in Ihrer Familie?
- Gibt es bei Ihnen einen typischen Geburtstagskuchen?

Beispiele für kleine Bewegungsübungen/Wahrnehmungsübungen

- ggf. die Geburtstagskerze anzünden und auspusten
- gemeinsam ein Geburtstagslied (-ständchen) singen
- Servietten in eine schöne Form falten
- Sekt/Apfelschorle in die Sektgläser füllen und miteinander anstoßen
- ein Bewegungsspiel mit dem Luftballon machen

Beispiele für kleine Aufgaben zum Gedächtnistraining

- die (vorher angesehenen und besprochenen) Gegenstände abdecken und gemeinsam aus dem Gedächtnis aufzählen
- Geburtstagsbräuche aufzählen
- sich an Geburtstagslieder und -gedichte erinnern
- zusammengesetzte Wörter mit „Geburt-" finden

HOCHZEIT

Materialien für eine Aktivierungskiste

- gebundener Blumenstrauß
- Brautschleier oder weißer Tüll
- weiße Damenschuhe
- Strumpfband
- Krawatte
- Zylinder
- schicke Herrenschuhe
- Rosenblüten
- Reis

Sichtung des Materials

Die Materialien werden von den Teilnehmern in die Hände genommen und nach Möglichkeit benannt. Wie zu jedem anderen Zeitpunkt der Aktivierung sind Assoziationen und Geschichten aus dem Leben der Teilnehmer herzlich willkommen.

Beispiele für biografieorientierte Fragen zum Thema

- Sind/Waren Sie verheiratet?
- An was erinnern Sie sich als Erstes, wenn Sie an den Tag Ihrer Hochzeit denken?
- Wie war das Wetter an Ihrem Hochzeitstag?
- Wie sah Ihr Kleid/Ihr Anzug aus? Haben Sie sich darin wohlgefühlt?

- Früher fanden bei vielen Hochzeiten die standesamtliche und die kirchliche Trauung am selben Tag statt. War das bei Ihnen auch so?
- Wer hat sich um die Organisation der Hochzeit gekümmert?
- Mit wie vielen Gästen haben Sie gefeiert? Waren Freunde auch eingeladen, oder wurde im Kreise der Familie gefeiert?
- Welche Bräuche wurden an Ihrem Hochzeitstag gepflegt? Gab es bei Ihnen einen Polterabend?
- Durften Sie vor der Hochzeit schon mit Ihrem zukünftigen Mann/Ihrer zukünftigen Frau zusammenleben, oder mussten Sie bis nach der Hochzeit warten?
- Wie haben Sie Ihren Ehemann/Ihre Ehefrau kennen gelernt?

Beispiele für kleine Bewegungsübungen/Wahrnehmungsübungen

- Rosenblätter streuen
- Schleier, Zylinder, Krawatte und die Schuhe anprobieren
- den „Brautstrauß“ werfen
- Reis in eine Schüssel füllen, passend zum Thema kleine Gegenstände darin verstecken und von den Teilnehmern ertasten lassen

Beispiele für kleine Aufgaben zum Gedächtnistraining

- die (vorher besprochenen) Gegenstände abdecken und gemeinsam aus dem Gedächtnis aufzählen
- Sprüche und Sprichwörter rund um das Thema Hochzeit sammeln

ZÜGE

Materialien für eine Aktivierungskiste

- kleine Lokomotive
- ein Stück Holzkohle
- evtl. Schienen einer Holz- oder Modelleisenbahn
- Reisetasche
- Schaffnermütze
- Schaffnerkelle
- Fahrschein
- Zugfahrplan

Sichtung des Materials

Die Teilnehmer nehmen das Material in die Hände und benennen es nach Möglichkeit. Assoziationen und Geschichten aus dem Leben der Teilnehmer sind willkommen.

Beispiele für biografieorientierte Fragen zum Thema

- Wann haben Sie das erste Mal einen Zug gesehen?
- Erinnern Sie sich an Ihre erste Fahrt mit einem Zug? Was war das für ein Erlebnis?
- Welche Bahnhöfe befanden sich in Ihrer Kindheit bei Ihnen in der Nähe?
- Wie haben sich die Züge und Bahnhöfe im Verlauf der Jahre verändert?
- Gibt es eine besondere Geschichte, die Sie mit einem Bahnhof oder einem Zug verbinden?

- Wohin ging die weiteste Reise, die Sie mit einem Zug zurückgelegt haben?

Beispiele für kleine Bewegungsübungen/Wahrnehmungsübungen

- die Lokomotive auf den Schienen fahren lassen
- die Kohle in die Hand nehmen
- die Schaffnermütze aufsetzen, die Kelle drehen und schwenken

Beispiele für kleine Aufgaben zum Gedächtnistraining

- die Gegenstände (nach dem Anschauen und Besprechen) abdecken und gemeinsam aus dem Gedächtnis aufzählen
- Namen von Haltestellen erinnern
- Was muss auf Reisen in die Reisetasche gepackt werden?

KAFFEEKRÄNZCHEN

Materialien für eine Aktivierungskiste

- Kuchenteller und Kaffeetassen mit Untertassen
- Milchkännchen und Zuckerdose
- Kaffeepulver
- Kaffeekanne
- Tischdecke
- Servietten
- Kerze mit Kerzenständer
- Löffel und Kuchengabeln
- Servierplatte

Sichtung des Materials

Die Materialien werden von den Teilnehmern in die Hände genommen und nach Möglichkeit benannt. Wie zu jedem anderen Zeitpunkt der 10-Minuten-Aktivierung sind Assoziationen und Geschichten aus dem Leben der Teilnehmer herzlich willkommen.

Beispiele für biografieorientierte Fragen zum Thema

- Können Sie sich an Ihr erstes Kaffeekränzchen erinnern?
- Hatten Ihre Eltern früher oft Besuch zum Kaffee?
- Wie haben Ihre Eltern Einladungen zum Kaffee gestaltet? Gab es besonderen Kuchen/besonderes Gebäck? Wurde der Tisch schön gedeckt?
- Wie haben Sie Kaffeekränzchen später bei sich zu Hause gestaltet?

- Gab es einen bestimmten Kuchen, den Sie oft für diese Anlässe gebacken haben?
- Haben in Ihrem Freundes- und Bekanntenkreis mehr Leute Kaffee oder Tee getrunken?
- Was trinken Sie am liebsten: Kaffee oder Tee?

Beispiele für kleine Bewegungsübungen/Wahrnehmungsübungen

- am Kaffeepulver riechen
- den Tisch mit Tischdecke, Geschirr, Besteck, Servietten etc. decken
- Servietten falten

Beispiele für kleine Aufgaben zum Gedächtnistraining

- die Materialien (nach dem Anschauen und Betrachten) abdecken und gemeinsam aus dem Gedächtnis aufzählen
- ein beliebtes Kuchenrezept erinnern
- Was gehört alles auf eine Kaffeetafel?
- Welche Möglichkeiten gibt es, Kaffee zu servieren? (Beispiele: schwarz, mit Milch, mit Zucker, mit Milch und Zucker, mit Schuss, mit Sahnehaube, als Cappuccino, Espresso …)

VOLKSLIEDER

Materialien für eine Aktivierungskiste

- Liederbuch
- Liedzettel
- Blockflöte
- CD mit verschiedenen Volksliedern (gesungen oder nur instrumental)
- Notenständer

Sichtung des Materials

Das Material wird von den Teilnehmern in die Hände genommen und nach Möglichkeit benannt. Wie zu jedem anderen Zeitpunkt der Aktivierung sind Assoziationen und Geschichten aus dem Leben der Teilnehmer herzlich willkommen.

Beispiele für biografieorientierte Fragen zum Thema

- An welches Lied denken Sie zuerst, wenn Sie an Volkslieder denken?
- Wie viele Volkslieder kennen Sie auswendig?
- Haben Ihre Eltern Ihnen früher ein Gute-Nacht-Lied vorgesungen?
- Welche Lieder wurden in der Schule gesungen? Gab es ein Morgenlied, das mit der Klasse gesungen wurde?
- Welches Lied wurde in Ihrer Familie als Geburtstagsständchen gesungen?
- Welche Lieder haben Sie gern in der Adventszeit gesungen?

- Welche Lieder haben Sie Ihren Kindern früher beigebracht?
- Haben Sie selbst einmal ein Lied gedichtet/komponiert?
- Spielen Sie ein Instrument?
    - Wenn ja, welches?
- Welche Lieder spielen Sie am liebsten?

Beispiele für kleine Bewegungsübungen/Wahrnehmungsübungen

- in den Noten blättern
- Liedtexte vorlesen
- gemeinsam singen
- evtl. ein Lied auf einem Instrument spielen
- die Musik anhören (und mitsingen)
- den Notenständer auf- und abbauen

Beispiele für kleine Aufgaben zum Gedächtnistraining

- die Gegenstände (nach dem Anschauen und Besprechen) abdecken und gemeinsam aus dem Gedächtnis aufzählen
- so viele Volkslieder wie möglich zusammentragen
- Texte von Volksliedern erinnern und gemeinsam singen
- Volkslieder den Jahreszeiten oder Anlässen zuordnen

HOBBY

Materialien für eine Aktivierungskiste

- ▷ Fotoalbum und Fotos
- ▷ Briefmarken
- ▷ Wolle und Garn, Strick- und Nähnadel
- ▷ Bastelmaterialien
- ▷ Werkzeug (Hammer, Nägel, Säge …)
- ▷ Tanzschuhe
- ▷ Liederheft
- ▷ Gartenhandschuhe
- ▷ etwas Blumen-Erde und ein Blumentopf
- ▷ Blume oder Topfpflanze
- ▷ Sportschuhe
- ▷ Buch
- ▷ Kreuzworträtselheft

Sichtung des Materials

Die Teilnehmer nehmen die Gegenstände in die Hände und benennen sie nach Möglichkeit. Wie zu jedem anderen Zeitpunkt der Aktivierung sind Assoziationen und Geschichten aus dem Leben der Teilnehmer willkommen.

Beispiele für biografieorientierte Fragen zum Thema

- ▷ Was hatten Sie früher für Hobbys?
- ▷ Wann konnten Sie den Hobbys nachgehen? Am Abend, an Wochenenden …
- ▷ Hatten Sie vielleicht das Glück, Ihr Hobby zum Beruf zu machen?

- Konnten Sie Ihr Hobby mit jemandem teilen?
- War Ihr Hobby eine Sache, die Sie immer schon gut konnten, oder war es für Sie ein Streben, sich stets zu verbessern?
- Haben Sie dieses Hobby bis heute?
  - Wenn nein, warum haben Sie es aufgegeben/aufgeben müssen?
- Welches Hobby hätten Sie gerne einmal ausprobiert, hatten aber nie die Möglichkeit dazu?
- Hatten Ihre Eltern Zeit für Freizeitbeschäftigungen?
  - Wenn ja, welche?
- Welche Hobbys haben Ihre Kinder und Enkelkinder?

Beispiele für kleine Bewegungsübungen/Wahrnehmungsübungen

- die Materialien ausprobieren, ggf. eigene Hobbys vorführen
- die Blume(n) umtopfen
- gemeinsam singen

Beispiele für kleine Aufgaben zum Gedächtnistraining

- die Gegenstände (nach dem Anschauen und Besprechen) abdecken und gemeinsam aus dem Gedächtnis aufzählen
- Welche Hobbys fallen Ihnen ein?
- Welche Hobbys waren in der eigenen Kindheit weit verbreitet? Welche Hobbys haben die Kinder heutzutage?

KONZERTBESUCH

Materialien für eine Aktivierungskiste

- Eintrittskarte(n)
- Krawatte
- Bilder von Musikinstrumenten, z. B. Violine, Flöte, Kontrabass …
- Notenständer
- Notenblatt
- Pumps, Anzugschuhe
- etwas roter Samt (Vorhangstoff)

Sichtung des Materials

Die Materialien werden von den Teilnehmern in die Hände genommen und nach Möglichkeit benannt. Assoziationen und Geschichten aus dem Leben der Teilnehmer sind willkommen.

Beispiele für biografieorientierte Fragen zum Thema

- Sind Sie früher gern ins Konzert gegangen?
- Hatten Sie oft die Möglichkeit, ein Konzert zu besuchen?
- Welche Musikrichtung haben Sie am liebsten?
- Gibt es einen Komponisten, dessen Musik Sie gern in Konzerten gehört haben?
- Wie haben Sie sich vor dem Konzertbesuch zurechtgemacht?
- Haben Sie vor oder nach dem Konzert noch etwas Besonderes unternommen?

- Haben Sie selbst ein Instrument gespielt?
- Haben Sie sich früher gewünscht, ein Instrument zu spielen?
  - Wenn ja, welches?

Beispiele für kleine Bewegungsübungen/Wahrnehmungsübungen

- die Krawatte umbinden
- die verschiedenen Instrumente eines Orchesters pantomimisch darstellen
- den Vorhangstoff fühlen
- den Notenständer aufbauen

Beispiele für kleine Aufgaben zum Gedächtnistraining

- die Gegenstände (nach dem Betrachten und Besprechen) abdecken und gemeinsam aus dem Gedächtnis aufzählen
- so viele Instrumente eines Orchesters wie möglich aufzählen
- bekannte Komponisten zusammentragen und ihnen ggf. ihre Werke zuordnen

FUSSBALL

Materialien für eine Aktivierungskiste

- Fußball
- Karten mit Bildern von Fußballspielern
- Fußballschal
- Torwarthandschuhe
- Trillerpfeife
- „Rote Karte“ und „Gelbe Karte“

Sichtung des Materials

Die Gegenstände werden von den Teilnehmern in die Hände genommen und nach Möglichkeit benannt. Wie zu jedem anderen Zeitpunkt der Aktivierung sind Assoziationen und Geschichten aus dem Leben der Teilnehmer willkommen.

Beispiele für biografieorientierte Fragen zum Thema

- Haben Sie früher selbst Fußball gespielt?
- Haben Sie eine Lieblingsmannschaft?
- Waren Sie schon einmal im Fußballstadion?
- Haben Sie schon einmal ein Fußballspiel im Fernsehen gesehen?
- Erinnern Sie sich noch an ein besonders wichtiges Fußballspiel?

Beispiele für kleine Bewegungsübungen/Wahrnehmungsübungen

- kleine Übungen mit dem Fußball:
  - den Fußball hochwerfen
  - den Fußball von einer Hand in die andere legen
  - den Fußball zwischen Stuhlbeinen durchschießen
  - die Torwarthandschuhe anziehen
  - die Rote und die Gelbe Karte hoch halten
  - hören, wie die Betreuungsperson in die Trillerpfeife bläst

Beispiele für kleine Aufgaben zum Gedächtnistraining

- die Gegenstände (nach dem Anschauen und Besprechen) abdecken und gemeinsam aus dem Gedächtnis aufzählen
- die Fußball-Regeln erklären
- Beispiele für Fouls bei einem Fußballspiel aufzählen
- bekannte Fußballspieler nennen
- von A – Z Begriffe zum Thema Fußball sammeln

KLEIDUNG

Materialien für eine Aktivierungskiste

- T-Shirt
- Bluse
- Hemd
- Stoffhose
- Pullover
- Socken
- Handschuhe
- Schal
- Mütze
- Seidentuch

Sichtung des Materials

Die Materialien werden von den Teilnehmern in die Hände genommen und nach Möglichkeit benannt. Wie zu jedem anderen Zeitpunkt der Aktivierung sind Geschichten aus dem Leben der Teilnehmer herzlich willkommen.

Beispiele für biografieorientierte Fragen zum Thema

- Haben Sie ein Lieblingskleidungsstück?
- Was für Kleidung tragen Sie gerne?
- Was für Kleidung tragen Sie nicht gerne?
- Welche Farben mögen Sie bei Ihrer Kleidung?
- Haben Sie schon einmal ein Kleidungsstück selbst hergestellt?
- Wer hat bei Ihnen früher die Kleidung gewaschen?

Beispiele für kleine Bewegungsübungen/Wahrnehmungsübungen

- Mütze aufsetzen (Schal, Handschuhe, Seidentuch anlegen)
- das Material der Kleidungsstücke vergleichen
- die Kleidungsstücke zusammenlegen
- den Pullover aufribbeln und die Wolle aufwickeln
- das Lied „Grün, grün, grün sind alle meine Kleider" singen

Beispiele für kleine Aufgaben zum Gedächtnistraining

- die Gegenstände (nach dem Anschauen und Besprechen) abdecken und gemeinsam aus dem Gedächtnis aufzählen
- Namen von Berufen sammeln, bei denen eine bestimmte Dienstkleidung getragen wird
- Namen von Stoffen sammeln, aus denen Kleidung hergestellt wird
- möglichst viele verschiedene Namen von Kleidungsstücken sammeln
- den Unterschied zwischen verschiedenen Kleidungsstücken besprechen (Was unterscheidet ein Hemd von einer Bluse?)